CHICAGO PUBLIC LIBRARY
W9-CMS-528

DISCARD

DISCARD

El Sistema Solar

Asteroides

DE ISAAC ASIMOV
REVISADO Y ACTUALIZADO POR RICHARD HANTULA

Gareth Stevens Publishing
UNA COMPAÑÍA DEL WORLD ALMANAC EDUCATION GROUP

Please visit our web site at: www.garethstevens.com
For a free color catalog describing Gareth Stevens Publishing's list of high-quality books and multimedia programs, call 1-800-542-2595 (USA) or 1-800-387-3178 (Canada). Gareth Stevens Publishing's fax: (414) 332-3567.

Library of Congress Cataloging-in-Publication Data

Asimov, Isaac.
[Asteroids. Spanish]
Asteroides / de Isaac Asimov; revisado y actualizado por Richard Hantula.
p. cm. – (Isaac Asimov biblioteca del universo del siglo XXI. El sisteme solar)
Summary: Introduces the bodies in space also known as planetoids, minor planets, or when they stray from their paths, meteoroids.
Includes bibliographical references and index.
ISBN 0-8368-3853-X (lib. bdg.)
ISBN 0-8368-3866-1 (softcover)
1. Asteroids–Juvenile literature. [1. Asteroids. 2. Spanish language materials.]
I. Hantula, Richard. II. Title.
QB651.A8418 2003
523.44–dc21 2003050491

This edition first published in 2004 by
Gareth Stevens Publishing
A World Almanac Education Group Company
330 West Olive Street, Suite 100
Milwaukee, WI 53212 USA

Series editor: Betsy Rasmussen
Cover design and layout adaptation: Melissa Valuch
Picture research: Kathy Keller
Additional picture research: Diane Laska-Swanke
Artwork commissioning: Kathy Keller and Laurie Shock
Translation: Carlos Porras and Patricia D'Andrea
Production director: Susan Ashley

The editors at Gareth Stevens Publishing have selected science author Richard Hantula to bring this classic series of young people's information books up to date. Richard Hantula has written and edited books and articles on science and technology for more than two decades. He was the senior U.S. editor for the *Macmillan Encyclopedia of Science*.

In addition to Hantula's contribution to this most recent edition, the editors would like to acknowledge the participation of two noted science authors, Greg Walz-Chojnacki and Francis Reddy, as contributors to earlier editions of this work.

Printed in the United States of America

1 2 3 4 5 6 7 8 9 07 06 05 04 03

Contenido

Vivimos en un lugar enormemente grande: el universo. Es muy natural que hayamos querido entender este lugar, así que los científicos y los ingenieros desarrollaron instrumentos y naves espaciales que nos contaron sobre el universo mucho más de lo que hubiéramos podido imaginar.

Hemos visto planetas de cerca, e incluso sobre algunos han aterrizado naves espaciales. Hemos aprendido sobre los quásares y los púlsares, las supernovas y las galaxias que chocan, y los agujeros negros y la materia oscura. Hemos reunido datos asombrosos sobre cómo puede haberse originado el universo y sobre cómo puede terminar. Nada podría ser más sorprendente.

Muchos de los objetos del universo son enormes, pero en el espacio existen también muchos objetos pequeños. Estos objetos serían demasiado pequeños para verlos si estuvieran muy lejos de la Tierra, pero algunos de ellos están aquí, en nuestro propio Sistema Solar. Hay cientos de miles de planetas menores llamados asteroides que viajan en órbita alrededor del Sol, como los planetas. Algunos se acercan mucho a nosotros, algunos están bastante lejos y otros siguen órbitas peculiares. Los asteroides tienen formas y tamaños variados.

¿Ser o no ser un planeta?

¿Cuándo un planeta no es un planeta? Cuando es un asteroide.

Ceres es un cuerpo en el espacio, que fue descubierto en 1801 entre las órbitas de Marte y de Júpiter. Es más pequeño que cualquier otro planeta: tiene sólo unas 590 millas (950 km) de ancho. Más tarde los astrónomos encontraron más objetos en la misma región, todos ellos aún más pequeños que Ceres. Los astrónomos los llamaron planetas menores o planetoides. También se refirieron a los cuerpos como *asteroides*, que significa «brillante como una estrella». Cuando los astrónomos miraban a través del telescopio a los asteroides, debido a que son tan pequeños, parecían ser puntos de luz semejantes a estrellas.

Los astrónomos están constantemente buscando asteroides nuevos. Para el año 2001 habían encontrado más de 150,000 de estos planetas menores y habían calculado la órbita de más de 30,000 de ellos.

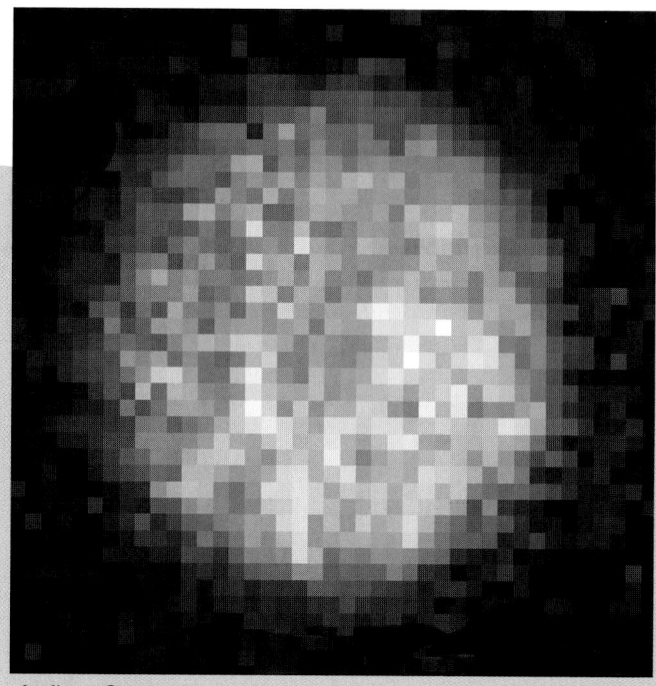

Arriba: Ceres, visto desde el telescopio espacial *Hubble*.

Los asteroides concebidos por un artista, vistos desde más allá de Júpiter. También se ven claramente Marte, que está dentro del cinturón de asteroides, y la Tierra. Cerca del Sol, que brilla débilmente a una distancia de alrededor de 500 millones de millas (800 millones de kilómetros), se ven Venus y Mercurio.

¿El planeta perdido?

Aún antes de que se descubriera Ceres, los astrónomos estaban buscando estos asteroides, aunque no se hubieran dado cuenta. Un astrónomo había observado que la mayoría de los planetas del Sistema Solar parecían estar espaciados según un patrón regular. Sin embargo, el espacio entre Marte y Júpiter no parecía seguir ese patrón. El gran espacio entre estos planetas llevó a los astrónomos a creer que entre ellos podría haber otro planeta. El planeta tenía que ser muy pequeño o ya hubiera sido descubierto. Cuando se descubrió Ceres, los astrónomos pensaron que era el planeta perdido. La verdadera sorpresa llegó cuando, en el espacio entre Marte y Júpiter, descubrieron no uno, ¡sino miles de pequeños planetas! Este espacio se llama cinturón de asteroides.

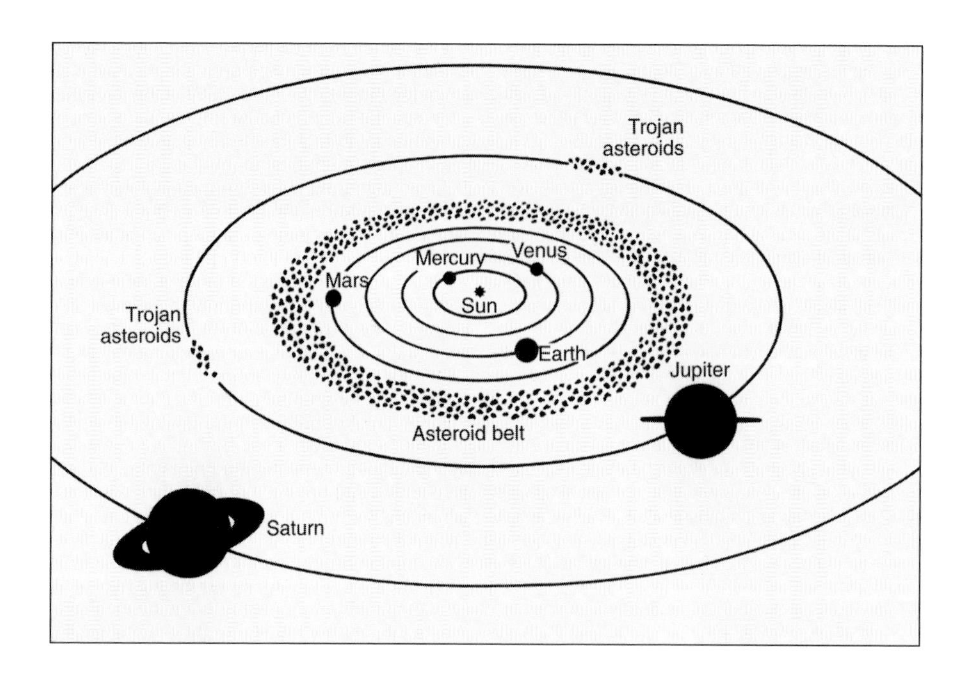

Descubrimiento casual de Ceres

Hace casi 200 años un grupo de astrónomos alemanes planeaba buscar en los cielos un posible planeta entre Marte y Júpiter. Dividieron cuidadosamente entre ellos secciones del cielo. Justo antes de que estuvieran listos para empezar, llegaron noticias de que el astrónomo italiano Giuseppe Piazzi, que no estaba buscando ningún planeta nuevo, descubrió Ceres por casualidad mientras observaba otros objetos. Hizo el descubrimiento el 1 de enero de 1801. Al objeto nuevo le puso el nombre de la antigua diosa romana de la agricultura.

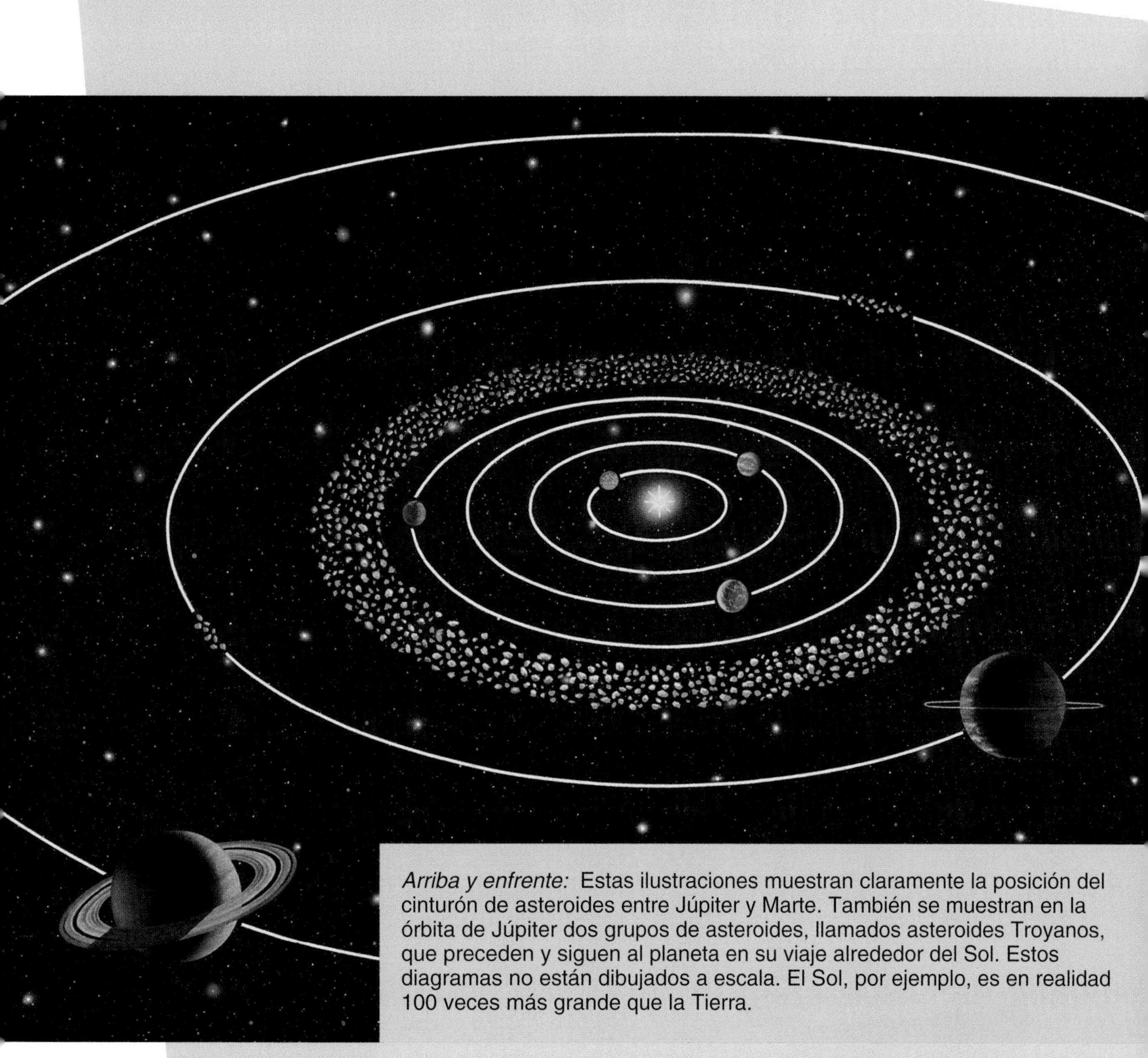

Arriba y enfrente: Estas ilustraciones muestran claramente la posición del cinturón de asteroides entre Júpiter y Marte. También se muestran en la órbita de Júpiter dos grupos de asteroides, llamados asteroides Troyanos, que preceden y siguen al planeta en su viaje alrededor del Sol. Estos diagramas no están dibujados a escala. El Sol, por ejemplo, es en realidad 100 veces más grande que la Tierra.

Los muchos tamaños y formas de los asteroides

No se ha encontrado nunca en el cinturón de asteroides uno tan grande como Ceres, pero existen docenas que tienen más de 100 millas (160 km) de ancho. Sin embargo, la mayoría de los asteroides tienen menos de una milla de ancho. Sólo los asteroides más grandes son redondos. Los asteroides pequeños tienen formas diversas. El asteroide llamado Cleopatra, por ejemplo, parece el hueso de un perro.

Se ha descubierto que algunos de los asteroides más grandes tienen lunas diminutas. Dactyl, la luna del asteroide Ida, tiene sólo alrededor de una milla (1.6 km) de ancho. Muchos asteroides son oscuros, pero algunos son brillantes. Uno de los primeros asteroides descubiertos fue Vesta. Refleja tanta luz que a veces se puede ver débilmente sin telescopio.

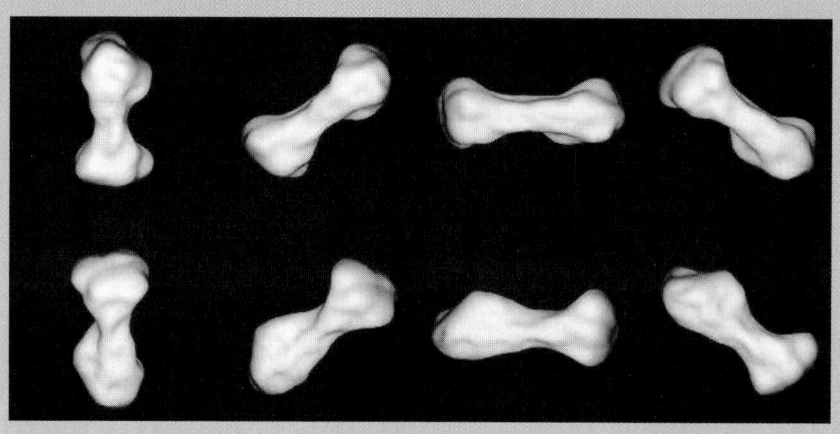

Arriba: Varias imágenes de Cleopatra, el asteroide en forma de hueso de perro.

Poniendo nombre a miles de asteroides

Al principio, a los asteroides se les daba el nombre de diosas, como Ceres, Palas, Vesta, Juno, etcétera. Sin embargo, cuando se descubrió un gran número de ellos, se hizo difícil darles nombre a todos. Se les empezó a poner el nombre de astrónomos, personas famosas, amigos, ciudades, universidades, etcétera. Desde el principio, la mayoría de los nombres eran femeninos, como Washingtonia o Rockefellia. En 1898, el primer asteroide que recibió un nombre masculino fue Eros, el antiguo dios griego del amor. Un asteroide recibió originalmente el nombre de Drake, pero para que el nombre fuera diferente, tal vez más femenino, se le dio vuelta y quedó como Ekard.

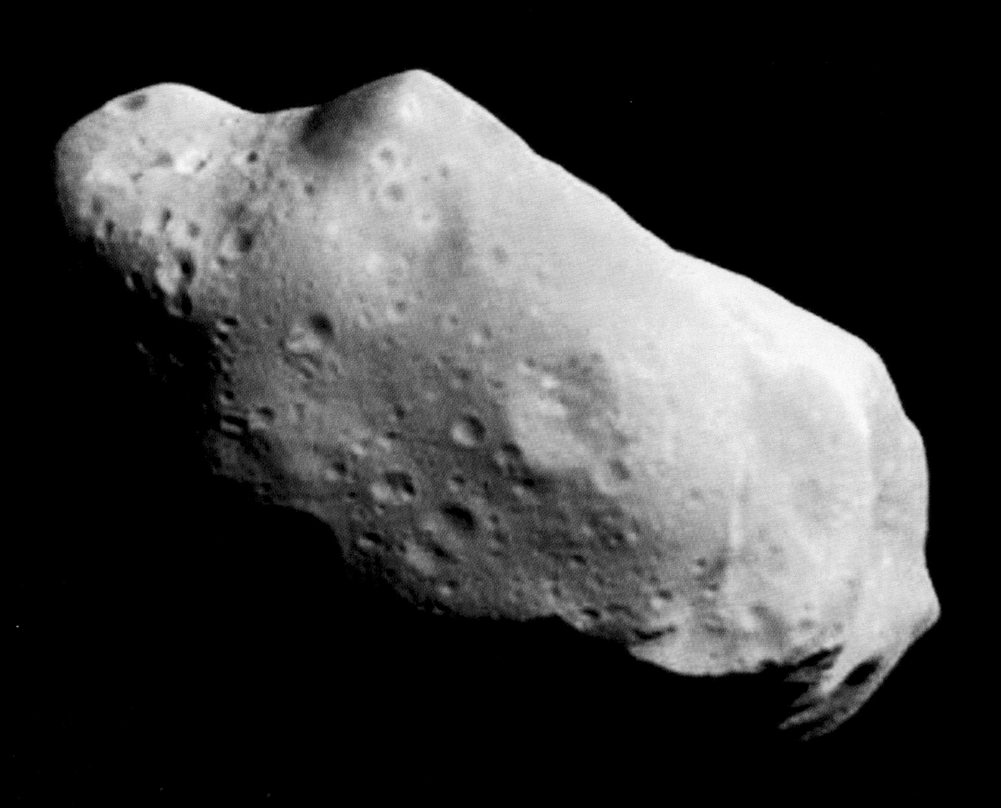

Esta foto en color del asteroide Ida y de Dactyl, su luna, se realizó con imágenes que tomó el sistema de imágenes de la nave espacial *Galileo*, el 28 de agosto de 1993.

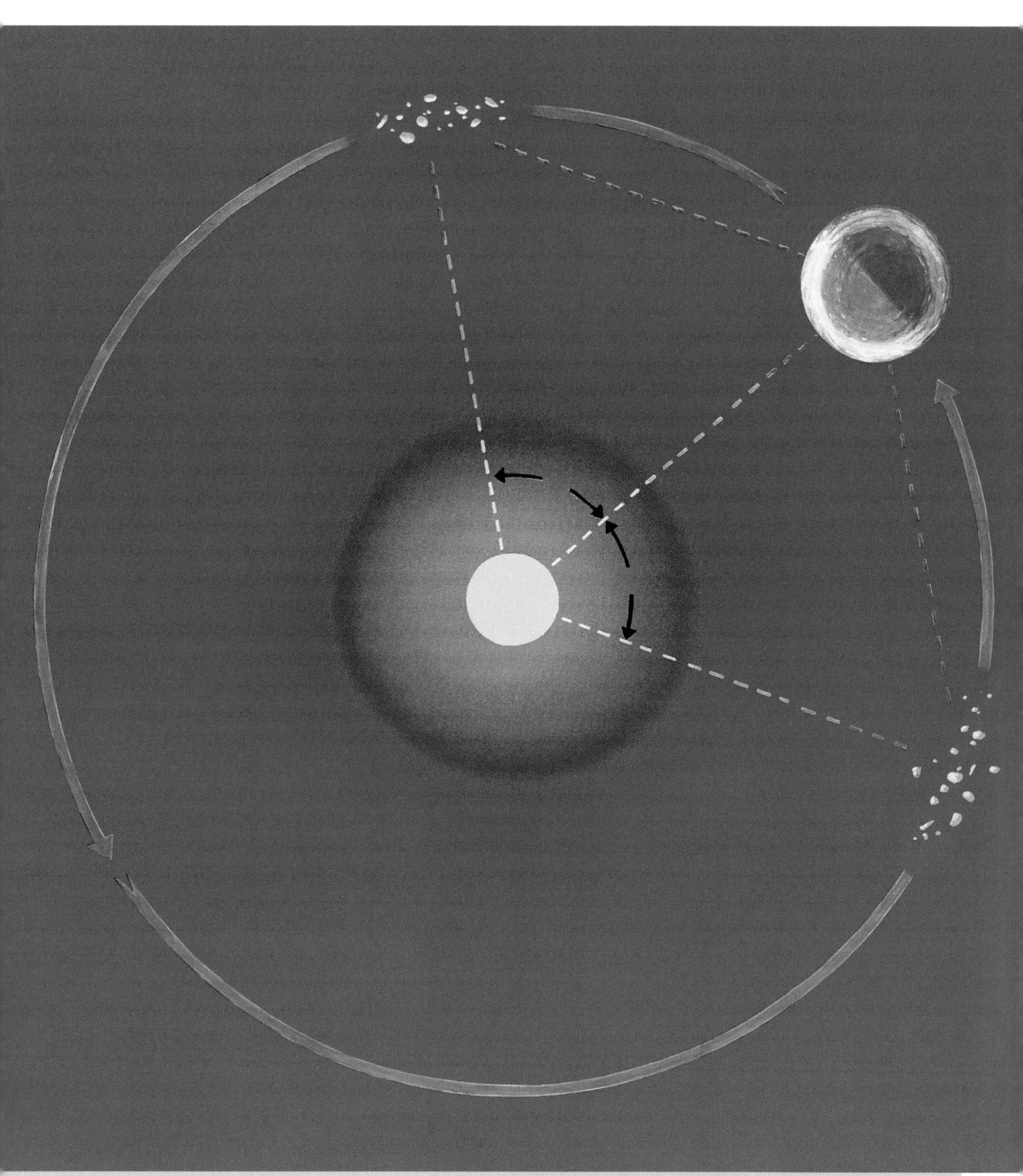

Arriba: Júpiter y los asteroides Troyanos en órbita. En su viaje alrededor del Sol, Júpiter y su ejército de asteroides mantienen una formación constante.

Las lunas capturadas por Júpiter

Júpiter, el enorme planeta que está en el límite exterior del cinturón de asteroides, ha capturado muchos de ellos. Tiene más de dos docenas de lunas girando a su alrededor, y probablemente algunas son asteroides que ha atrapado. Relacionados también con Júpiter están los asteroides conocidos como ***Troyanos***. Algunos de estos asteroides siguen a Júpiter en su órbita, y otros se mueven por delante de él. Si dibujas una línea desde Júpiter hasta cada uno de estos grupos de asteroides, y luego dibujas una línea desde Júpiter y desde ambos grupos hasta el Sol, tendrás dos triángulos de lados iguales. Los asteroides se llaman Troyanos en homenaje a los héroes de las antiguas historias griegas acerca de la guerra de Troya.

Arriba: Vista en primer plano de uno de los asteroides Troyanos de Júpiter llamado Héctor. ¿Es Héctor un único asteroide con forma de mancuerna o son dos asteroides que se mantienen juntos?

Arriba: El asteroide Hidalgo *(a la derecha)* hace parecer pequeño a Júpiter a medida que se acerca al planeta en las fronteras del Sistema Solar, más allá del cinturón de asteroides.

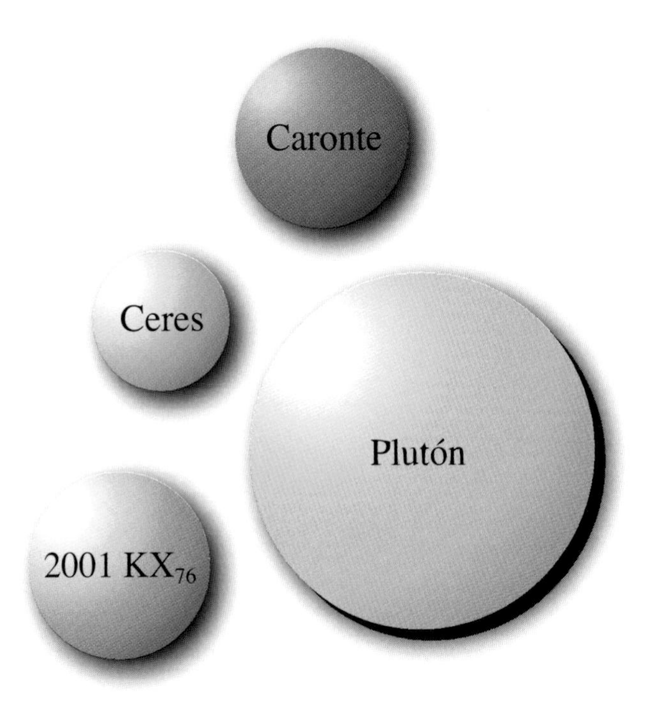

Izquierda: Este dibujo muestra una comparación del tamaño de Plutón, Caronte, Ceres y 2001 KX_{76}.

Más allá del cinturón de asteroides

Algunos asteroides están mucho más allá del cinturón de asteroides, más allá incluso de Júpiter y su fiel familia de asteroides. El asteroide Hidalgo tiene una larga órbita que lo lleva desde el cinturón de asteroides hasta un punto que está un poco más allá de la órbita de Saturno. Un grupo de cuerpos pequeños llamados Centauros viajan alrededor del Sol en el espacio que hay entre las órbitas de Júpiter y Neptuno. Otro grupo de objetos cuyas órbitas están más allá de Neptuno forma el cinturón de Kuiper, que recibe su nombre del astrónomo Gerard Kuiper. La mayoría de los Centauros y de los objetos del cinturón de Kuiper son cometas helados. Sin embargo, algunos pueden ser asteroides rocosos. En el año 2001 los astrónomos encontraron en el cinturón de Kuiper un objeto que puede ser más grande que Ceres. Se le llamó 2001 KX_{76}.

Algunas de las lunas de los planetas que están más allá de Júpiter pueden ser asteroides capturados. Algunos astrónomos creen incluso que Plutón, el planeta más lejano conocido, y Caronte, su luna, deben ser considerados asteroides, ya que son muy pequeños.

Clasificación de Ceres: ¿asteroide grande o planeta pequeño?

Cuando se descubrió Ceres, todos estaban sorprendidos por lo pequeño que era. Tiene sólo unas 590 millas (950 km) de ancho, aproximadamente el ancho de Francia, mientras que Mercurio, el planeta más pequeño conocido entonces, tiene más de 3,000 millas (4,800 km), aproximadamente el ancho de América del Norte. Sin embargo, a medida que se descubrían más y más asteroides, los astrónomos se sorprendieron por lo grande que era Ceres en comparación con los demás. Su diámetro era dos veces más largo que el del segundo asteroide más grande del cinturón de asteroides. De hecho, algunos astrónomos calcularon que Ceres tiene una masa 1/3 más grande que la de todos los asteroides del cinturón juntos. ¿Por qué es tan grande? Los científicos no lo saben.

¿Asteroides o cometas?

Sabemos que muchos asteroides se encuentran entre Marte y Júpiter, mientras que otros están aún más lejos. Sin embargo, no todos los asteroides se comportan de la misma manera. Unos pocos tienen una órbita larga y angosta que los lleva mucho más cerca del Sol que a otros. Tales órbitas se parecen a las de algunos cometas.

Los astrónomos han estudiado cuidadosamente la luz de algunos de estos asteroides y han descubierto que, en algunos casos, la luz se parece mucho a la de los cometas. Es posible que algunos asteroides que viajan cerca del Sol sean en realidad cometas viejos que han perdido su hielo y ya no brillan como cometas comunes.

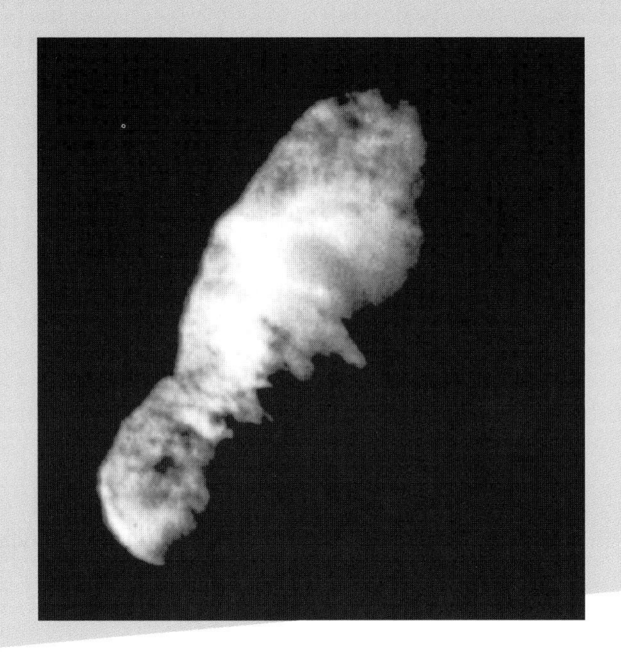

Derecha: Una foto de la NASA del cometa Borrelly.

Una clase diferente de asteroide, pero ¿por qué?

El asteroide más brillante es Vesta. Es el tercer asteroide más grande, con 326 millas (525 km) de ancho, pero tiene sólo aproximadamente la mitad del tamaño de Ceres. Sin embargo, Vesta refleja mucha más luz que Ceres. De hecho, si sabes exactamente dónde mirar y tienes una vista muy aguda, puedes ver Vesta sin la ayuda de un telescopio. Sin embargo fue sólo el cuarto asteroide descubierto. Al estudiar la luz de Vesta, los científicos supieron que en una época gran parte de la superficie de Vesta estaba fundida. Tal vez estaba cubierta de lava. La mayoría de los otros asteroides parecen haber sido siempre roca fría. ¿Por qué tendría que ser Vesta tan diferente? Los científicos no están seguros.

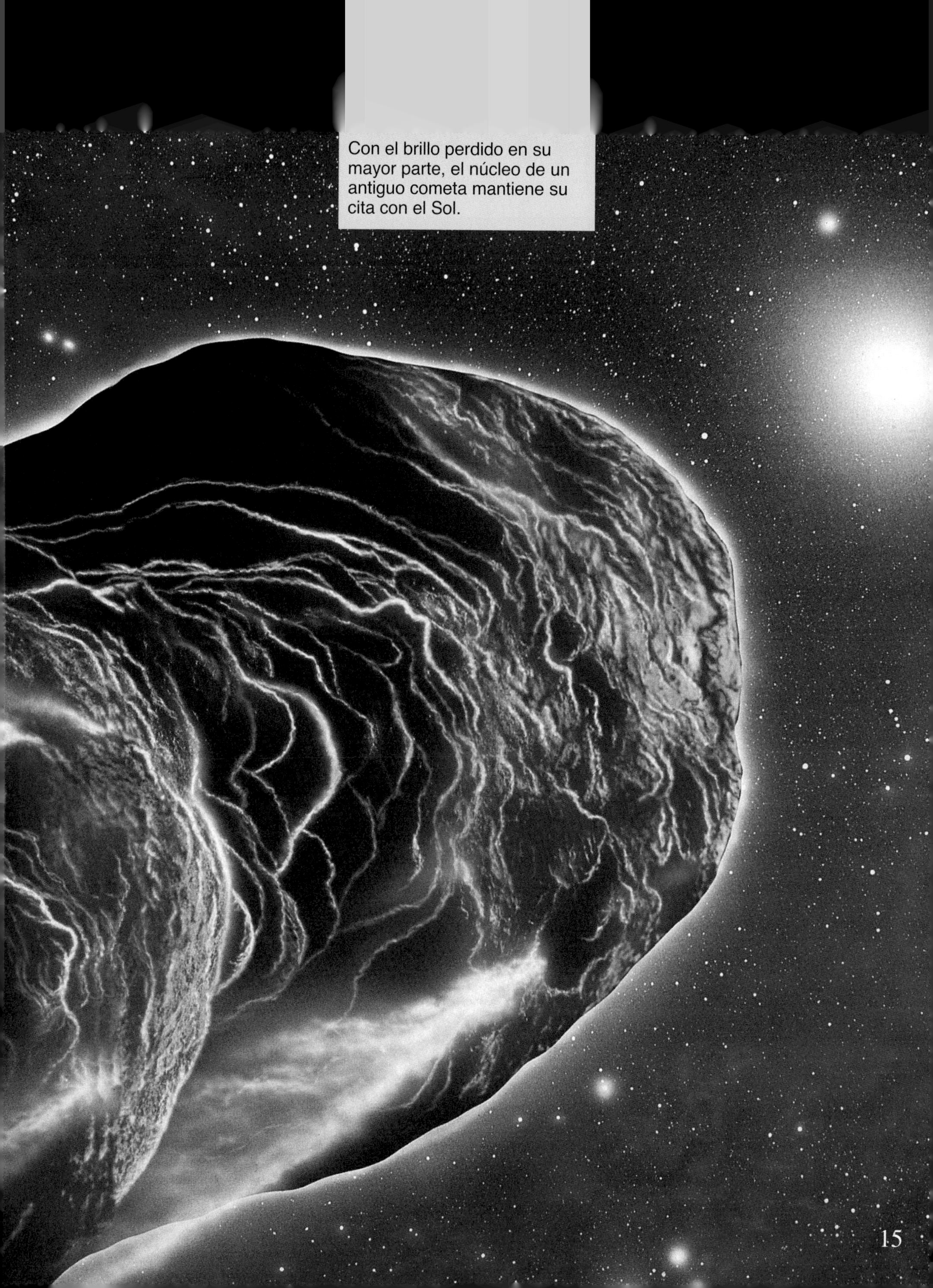

Con el brillo perdido en su mayor parte, el núcleo de un antiguo cometa mantiene su cita con el Sol.

Arriba: Un acontecimiento notable en 1972, captado en una foto. Un asteroide que entró en la atmósfera de la Tierra sobre Idaho, vuela convertido en un meteoro centelleante sobre el lago Jackson (Wyoming). Los astrónomos creen que tenía 260 pies (80 m) de diámetro, que se movía a una velocidad promedio de 33,000 millas (53,000 km) por hora y que pesaba un millón de toneladas.

Derecha: Una foto de la lluvia de meteoros Leónidas mientras cruzan la atmósfera de la Tierra. La lluvia de Leónidas ocurre todos los años, pero tiende a ser excepcionalmente intensa cada 33 años. La última lluvia intensa ocurrió en 1999, así que la próxima se verá en 2032.

¿Una amenaza para la Tierra?

Durante mucho tiempo los astrónomos pensaron en los asteroides como miembros del Sistema Solar exterior, más allá de Marte. Pero en 1932 se descubrió un asteroide al que se llamó Amor. Este objeto tenía una órbita que lo hacía viajar entre el cinturón de asteroides y la Tierra. En 1937 un asteroide pequeño llamado Hermes pasó a 488,000 millas (785,000 km) de la Tierra. Los científicos se dieron cuenta de que los asteroides —y los cometas, que también contienen roca— eran una posible amenaza para nuestro planeta.

En el pasado se produjeron choques. En Arizona hay un cráter de 3/4 de milla (1.2 km) de ancho donde chocó un asteroide hace 50,000 años. A los asteroides y los cometas que viajan cerca de la órbita de la Tierra se les llama objetos cercanos a la Tierra. Se han descubierto cientos de esos objetos que tienen al menos 3/5 millas (1 km) de ancho. Es probable que ninguno de estos objetos de este tamaño choque contra la Tierra. Sin embargo, cuerpos más pequeños ocasionalmente chocan contra la Tierra o explotan en la atmósfera. Por lo general estos son objetos pequeños y no causan gran daño, pero un asteroide pequeño que en 1908 explotó en el aire de Siberia (Rusia) derribó decenas de miles de árboles.

La concepción de un artista de un asteroide asesino que choca contra la Tierra.

Maravillosas fotografías

Los primeros indicios acerca de cómo podrían verse los asteroides nos llegaron en la década de 1970, cuando las sondas espaciales *Viking* obtuvieron una buena vista de Fobos y Deimos, las lunas de Marte. Estas lunas son objetos oscuros y desiguales que concuerdan con la idea que los astrónomos tenían de los asteroides.

En la década de 1990 la nave espacial *Galileo* dio dos vueltas a través del cinturón de asteroides en su camino hacia Júpiter. Tomó las primeras fotos claras de asteroides verdaderos: Gaspra e Ida.

En 1999 la sonda espacial ***Deep Space 1*** vio de cerca el asteroide cercano a la Tierra llamado Braille. En 1997 la sonda *NEAR-Shoemaker* —la sigla NEAR del nombre de la sonda significa «Near Earth Asteroid Rendezvous» (encuentro con un asteroide cercano a la Tierra)— tomó fotos en primer plano del asteroide cercano a la Tierra llamado Matilde, y luego continuó el vuelo para estudiar otro asteroide, Eros. En 2001 la sonda espacial aterrizó sobre Eros, el primer aterrizaje jamás hecho por una nave espacial sobre un asteroide.

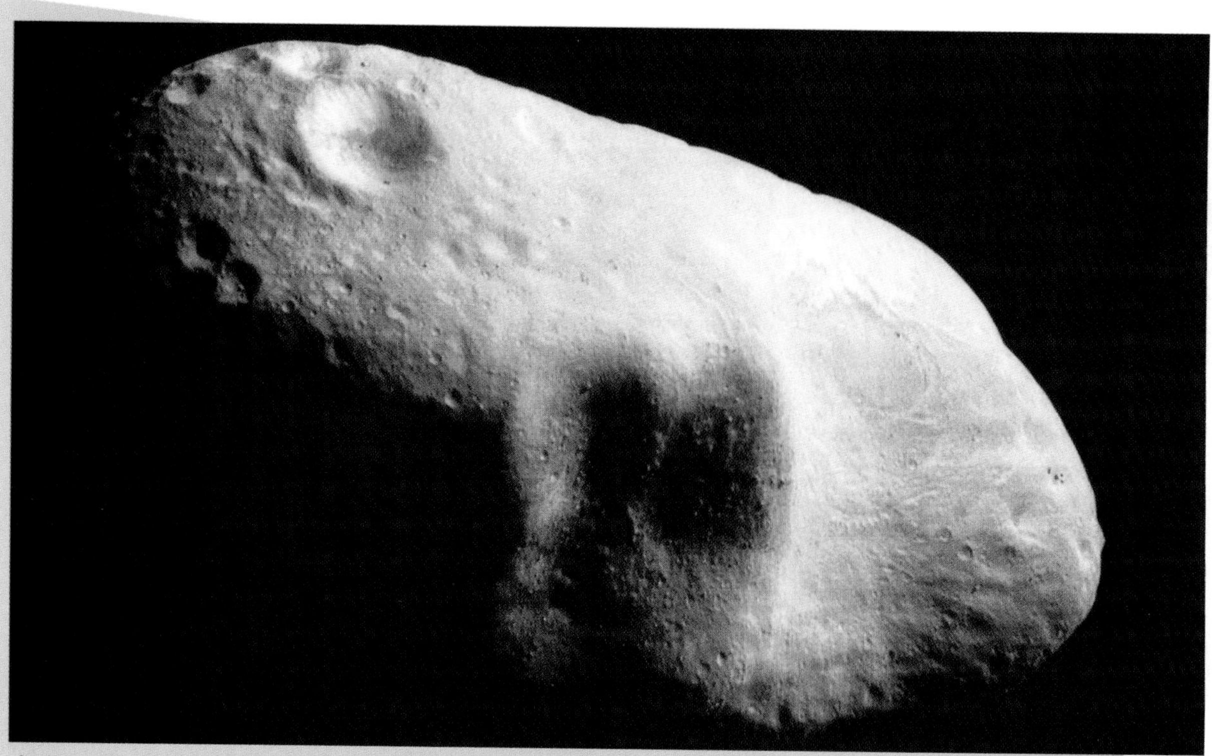

Arriba: Una imagen de Eros, que tomó el 3 de marzo de 2000 el generador multiespectral de imágenes de la nave espacial *NEAR-Shoemaker*.

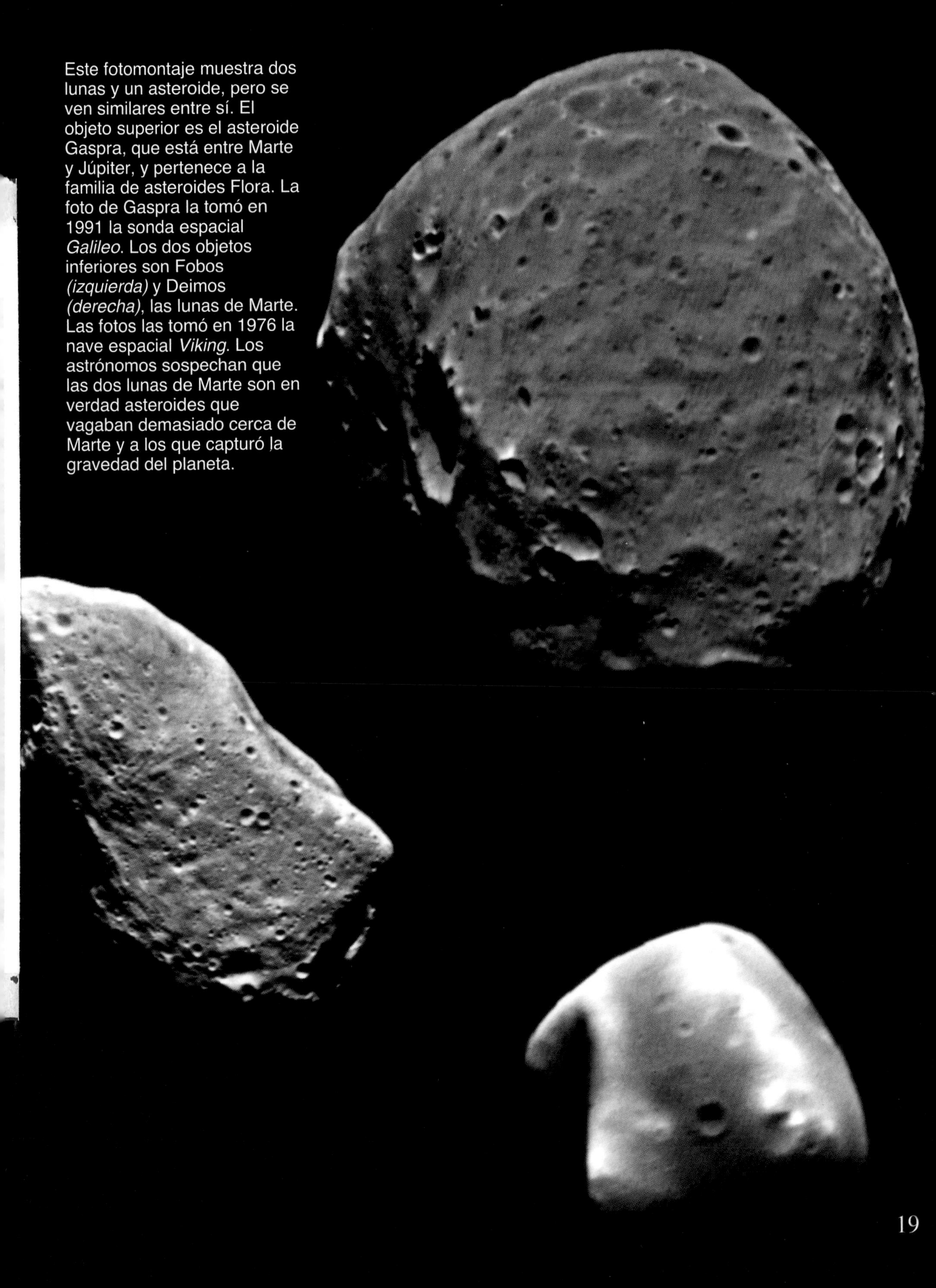

Este fotomontaje muestra dos lunas y un asteroide, pero se ven similares entre sí. El objeto superior es el asteroide Gaspra, que está entre Marte y Júpiter, y pertenece a la familia de asteroides Flora. La foto de Gaspra la tomó en 1991 la sonda espacial *Galileo*. Los dos objetos inferiores son Fobos *(izquierda)* y Deimos *(derecha)*, las lunas de Marte. Las fotos las tomó en 1976 la nave espacial *Viking*. Los astrónomos sospechan que las dos lunas de Marte son en verdad asteroides que vagaban demasiado cerca de Marte y a los que capturó la gravedad del planeta.

Minería espacial

Los asteroides que sólo tienen unos pocos pies de ancho se llaman meteoroides. Cuando entran en la atmósfera de la Tierra, los vemos como meteoros. Si chocan contra la Tierra (como meteoritos), pueden incluso ser útiles para nosotros. Alrededor de 1/10 de los asteroides que chocan contra la Tierra son casi ferroníquel puro. Hace miles de años, antes de que los seres humanos aprendieran a extraer hierro de los minerales metalíferos, los meteoritos fueron la única provisión de hierro. El hierro era valioso para hacer herramientas. Aún hoy los seres humanos extraen los metales que los asteroides han puesto a nuestra disposición. La Cuenca Sudbury se conoce por sus depósitos de níquel y hierro. Una vista desde el espacio muestra que esos depósitos están en un cráter que dejó un asteroide que hizo impacto en nuestro planeta hace millones de años. En realidad el asteroide no trajo los depósitos de níquel y hierro que se han encontrado, sino que puede haber ayudado a la formación de los depósitos.

Arriba: En busca de hierro, un hombre prehistórico examina un meteorito.

Los asteroides cuya órbita es similar a la de la Tierra se pueden capturar y remolcar a la Tierra mediante «remolcadores espaciales» para extraer minerales.

Izquierda: Un astronauta del futuro extrae metales de un asteroide en el espacio.

Viaje al cinturón de asteroides

Una de las razones por la que los astrónomos quieren estudiar los asteroides es porque la información sobre las sustancias que componen estos cuerpos pueden brindar indicios acerca de cómo fueron los primeros días del Sistema Solar. Para estudiar los asteroides, los científicos han usado hasta ahora las observaciones hechas desde la Tierra y desde las sondas espaciales. La sonda *NEAR-Shoemaker* ha incluso aterrizado sobre un asteroide.

Algún día, tal vez después de que los humanos hayan establecido una base en Marte, pueden atreverse a ir más allá con naves espaciales tripuladas. Con Marte como base, los astronautas podrían visitar el cinturón de asteroides para analizar de cerca a alguno de ellos. Además, Ceres está bastante lejos del Sol, y este gran asteroide sería un lugar muy útil para colocar telescopios y otros instrumentos para estudiar estrellas y planetas distantes.

Arriba: Una ilustración de la NASA de la nave espacial *NEAR-Shoemaker*.

Una vista de Marte parecida a la de la Tierra desde una base en una de las lunas marcianas. La tecnología futura podría hacer posible terraformar Marte (hacerlo parecido a la Tierra). Se podrían colocar gases nuevos en la atmósfera de Marte, atrapando de ese modo la luz del sol y convirtiendo la atmósfera como la de la Tierra. ¿Se transformará entonces Marte en nuestro trampolín hacia los asteroides y más allá?

Derecha: Un despliegue de maquinaria trabajando en una misión de recolección de un asteroide. Esta concepción de un artista se basa en un estudio real de la NASA sobre la tecnología que sería necesaria para poner un asteroide en órbita permanente alrededor de la Tierra.

Abajo: En esta ilustración, al equipo de exploradores de asteroides lo recibe un géiser. La materia que sale disparada hacia arriba formó alguna vez parte de un cometa que se incrustó en este, por lo demás, desolado asteroide.

Recursos futuros

En los siglos que vendrán, los asteroides podrían transformarse en las nuevas minas de la humanidad. Debe haber decenas de miles de asteroides hechos de hierro. Podrían proveernos todo el hierro y el acero que pudiéramos necesitar jamás. Además, algunos asteroides podrían servir como fuente de otros metales, así como de oxígeno, vidrio, concreto y tierra. Algunos son helados y podrían darnos provisiones de hidrógeno, carbono y nitrógeno. Estos elementos no son fáciles de obtener fuera de la Tierra y son necesarios en el espacio para los seres humanos. Incluso algunos asteroides se podrían excavar para convertirlos en estaciones espaciales donde las personas podrían vivir y trabajar.

Arriba: En el futuro, ¿se podrán extraer diamantes de los asteroides? Es bastante posible, ya que algunos asteroides contienen carbono, el material del que están hechos los diamantes. Aquí, un equipo de mineros examina sus hallazgos mientras unas máquinas llamadas conductores de masas transportan el material extraído y asteroides enteros de regreso a la base.

Los asteroides, ¿las piezas de un rompecabezas planetario?

¿Por qué algunos asteroides están hechos principalmente de hierro, mientras que otros están hechos de materiales rocosos o helados? Si se rompe un planeta como la Tierra, partes de su centro serían de hierro, partes de su superficie serían heladas y partes del medio serían rocosas. ¿Hubo una vez entre Marte y Júpiter un planeta más grande que se rompió? Tal vez, pero todos los asteroides juntos formarían sólo un planeta muy pequeño, y los astrónomos creen que si existió, fue demasiado pequeño para romperse. Tal vez, después de todo, no había ningún planeta allí. Entonces, ¿por qué hay distintas clases de asteroides? Los científicos no lo saben.

Una frontera nueva

Una vez que las personas vivan en los asteroides, estos podrán ser el punto de partida para más exploración espacial. Las personas desde los asteroides podrían construir cohetes que los lleven a las lunas de Júpiter, Saturno e incluso más lejos. Podrían explorar el Sistema Solar entero. Tal vez algunos asteroides sean convertidos en naves estelares y miles de personas en ellos irían errantes más allá, lejos del sol para siempre, en un largo viaje hacia las estrellas distantes. ¿Quién sabe? Los asteroides podrían tener un papel importante cuando los humanos empiecen a colonizar la Galaxia y empiecen su búsqueda de otras formas de vida inteligente.

¿Ciencia ficción o ciencia real? Un asteroide ahuecado, ahora una nave espacial completamente equipada, navega junto a Júpiter en un viaje fuera del Sistema Solar. ¿Puedes imaginar personas que, en naves como ésta, nacen, crecen, forman familias y pasan su vida entera como «personas del espacio»? Un día podría suceder.

Una ilustración, hecha a escala, de una variedad de asteroides, inclusive la mayoría de los asteroides conocidos con diámetro de 125 millas (200 km) o más. Todos los asteroides están proporcionados unos con otros y con el borde de Marte, a la izquierda. El dibujo en blanco y negro (*enfrente, abajo*) es una guía del nombre de cada uno de los asteroides más grandes, así como los de la familia Flora/Flores de pequeños asteroides.

Abajo: Algunos «récords» y peculiaridades de los asteroides. Ten presente que todo el tiempo se están descubriendo asteroides nuevos y que los récords se hicieron para romperse, incluso los astronómicos.

Récord establecido	Asteroide	Comentarios
Asteroide más grande del cinturón de asteroides	**Ceres**	Diámetro: 590 millas (950 km)
Asteroide más brillante	**Vesta**	Único integrante del cinturón de asteroides, que se ve a simple vista
Período de rotación (de giro) más corto conocido	**1998 KY_{26}**	10.7 minutos
Rotación más larga conocida	**Glauke**	1,200 horas
Primer asteroide en ser descubierto	**Ceres**	1 de enero de 1801
Primer asteroide descubierto fotográficamente	**Brucia**	20 de diciembre de 1891
Tiempo más corto para girar alrededor del Sol	**1999 KW_4**	188 días (la órbita está dentro de la órbita de la Tierra)
Tiempo más largo para girar alrededor del Sol	**2000 CR_{105}**	17,547.8 años (la órbita está en el Sistema Solar exterior)
Primera luna de un asteroide en ser fotografiada	**Ida**	En 1993 Ida y Dactyl, su luna, fueron observados por la nave espacial *Galileo*.
Primer nombre masculino para un asteroide	**Eros**	1898
Primera nave espacial que aterrizó sobre un asteroide	**Eros**	En 2001 la nave *NEAR-Shoemaker* aterrizó sobre Eros.

Archivo de datos: Los asteroides

Existen miles y miles de ellos, tienen tamaños y formas variadas. Parecen ladrillos, mancuernas, montañas, salchichas cósmicas, papas y hasta la isla de Manhattan. Se llaman Iris, Flora, Davida, Cincinnatti, Marilyn, Rusia y Claudia. Incluso uno se llama Fotográfica, en honor a la fotografía, que en una época era un medio totalmente nuevo para descubrirlos en el espacio.

Los llamamos planetoides, planetas menores y, cuando se apartan de su órbita, meteoroi-des. Son los asteroides.

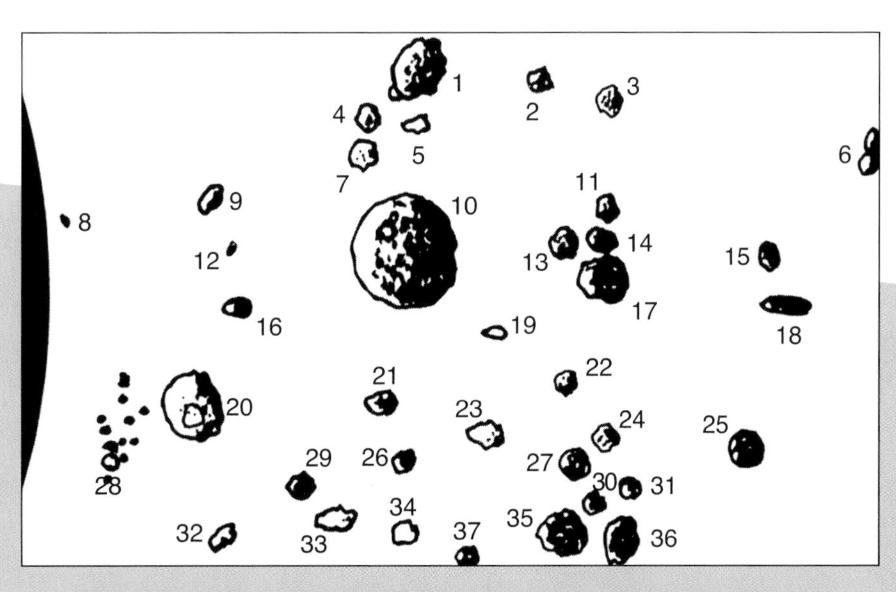

Clave

1 Palas
2 Winchester
3 Eufrosina
4 Bamberga
5 Dafne
6 Héctor
7 Juno
8 Eros
9 Iris
10 Ceres
11 Bettina
12 Nysa
13 Patientia
14 Themis
15 Hermione
16 Fortuna
17 Hygiea
18 Camila
19 Dembowska
20 Vesta
21 Eugenia
22 Diotima
23 Psique
24 Lorely
25 Cibeles
26 Thisbe
27 Europa
28 Flora/Flores
29 Egeria
30 Úrsula
31 Alauda
32 Hebe
33 Eunomia
34 Herculina
35 Interamnia
36 Davida
37 Siegena

Más libros sobre asteroides

Asteroid Impact (Impacto de asteroides), Douglas Henderson (Dial Books)

Asteroids, Comets, and Meteors (Asteroides, cometas y meteoros), Robin Kerrod (Lerner)

Asteroids, Comets, and Meteors (Asteroides, cometas y meteoros), Gregory Vogt (Raintree Steck-Vaughn)

Collision Course! Cosmic Impacts and Life on Earth (¡Rumbo a una colisión! Impactos cósmicos y la vida en la Tierra), Alfred Bortz (Millbrook Press)

Comets and Asteroids (Cometas y asteroides), E. M. Hans (Raintree Steck-Vaughn)

Comets, Asteroids, and Meteorites (Cometas, asteroides y meteoritos), Roy A. Gallant (Benchmark Books)

DK Space Encyclopedia (Enciclopedia DK del espacio), Nigel Henbest y Heather Couper (DK Publishing)

CD-ROM

Comet Explorer (Explorador de cometas). (Cyanogen)

Exploring the Planets (Explorar los planetas). (Cinegram)

Sitios Web

Internet es un buen lugar para obtener más información sobre los asteroides. Los sitios Web que se enumeran aquí pueden ayudarte a que te enteres de los descubrimientos más recientes, así como de los que se hicieron en el pasado.

KidsAstronomy. www.kidsastronomy.com/

Near-Earth Asteroid Tracking. neat.jpl.nasa.gov/

Near-Earth Asteroid Rendezvous Mission. near.jhuapl.edu/

Nine Planets. www.nineplanets.org/asteroids.html

Views of the Solar System. www.solarviews.com/eng/asteroid.htm

Lugares para visitar

Estos son algunos museos y centros donde puedes encontrar una variedad de exhibiciones espaciales.

Museo de Ciencia y Tecnología de Canadá
1867 St. Laurent Boulevard
100 Queen's Park
Ottawa, Ontario, K1G5A3
Canada

Centro Espacial Henry Crown
Museo de Ciencia e Industria
57th Street and Lake Shore Drive
Chicago, IL 60637

Centro de Investigación Glenn de la NASA
Oficina de Servicios Educativos
21000 Brookpark Road
Cleveland, OH 44135

Museo Nacional del Aire y el Espacio
Instituto Smithsoniano
7th and Independence Avenue SW
Washington, DC 20560

Odyssium
11211 142nd Street
Edmonton, Alberta T5M 4A1
Canada

Observatorio de Sydney
Observatory Hill
Sydney, New South Wales 2000
Australia

Glosario

asteroide cercano a la Tierra: asteroide o cometa cuya órbita lo acerca a la órbita de la Tierra.

asteroides: «planetas» muy pequeños. En el Sistema Solar existen cientos de miles de ellos. La mayoría describe una órbita alrededor del Sol entre Marte y Júpiter.

asteroides atrapados: asteroides a los que captura la gravedad de los planetas.

Centauros: cuerpos pequeños entre las órbitas de Júpiter y Neptuno. En los antiguos mitos griegos, los centauros eran mitad caballo y mitad humano.

Ceres: el primer asteroide descubierto. Tiene un diámetro de 590 millas (950 km) y es el asteroide más grande del cinturón de asteroides.

cinturón de asteroides: el espacio entre las órbitas de Marte y Júpiter que contiene la mayoría de los asteroides del Sistema Solar.

cinturón de Kuiper: cuerpos pequeños que están en la región del Sistema Solar que se encuentra más allá de Neptuno. En su mayoría parecen ser cometas helados, pero algunos pueden ser asteroides rocosos.

Eros: el primer asteroide que recibió un nombre masculino. En 2001 aterrizó sobre Eros la sonda espacial *NEAR-Shoemaker*. Eros tiene unas 20 millas (32 km) de largo y unas 4.5 millas (7 km) de diámetro.

galaxias: las numerosas agrupaciones grandes de estrellas, gas y polvo que existen en el universo. Nuestra galaxia se conoce como la Vía Láctea.

Héctor: asteroide poco común que parece tener la forma de una mancuerna.

meteorito: meteoroide cuando golpea la Tierra.

meteoro: meteoroide que entra en la atmósfera de la Tierra. También, el brillante rayo de luz que se forma cuando el meteoroide entra en la atmósfera o se mueve a través de ella.

meteoroide: pedazo de roca o metal que se mueve a través del espacio. Los meteoroides pueden ser grandes como pequeños asteroides o pequeños como motas de polvo.

NASA: la agencia espacial de Estados Unidos: *National Aeronautics and Space Administration* (Administración Nacional de Aeronáutica y el Espacio).

planeta menor: otro nombre para un asteroide.

planetoide: otro nombre para un asteroide. En cierta manera, éste es un nombre más adecuado, ya que los asteroides son más «parecidos a los planetas» que «parecidos a las estrellas».

Plutón: el planeta más lejano del Sistema Solar. Es tan pequeño que algunos astrónomos creen que en realidad es un asteroide grande.

Sistema Solar: el Sol, y los planetas y todos los demás cuerpos, como los asteroides, que describen una órbita alrededor del Sol.

terraformar: transformar un planeta u otro cuerpo grande en un espacio adecuado para la vida humana.

Troyanos: dos grupos de asteroides que viajan en la misma órbita de Júpiter alrededor del Sol. Un grupo va delante del planeta y el otro lo sigue.

universo: todo lo que sabemos que existe y creemos que puede existir.

Vesta: el asteroide brillante. Tiene un diámetro de unas 326 millas (525 km).

Índice

Nacido en 1920, Isaac Asimov llegó a Estados Unidos, de su Rusia natal, siendo niño. De joven estudió bioquímica. Con el tiempo se transformó en uno de los escritores más productivos que el mundo haya conocido jamás. Sus libros abarcan una variedad de temas que incluyen ciencia, historia, teoría del lenguaje, literatura fantástica y ciencia ficción. Su brillante imaginación le hizo ganar el respeto y la admiración de adultos y niños por igual. Lamentablemente, Isaac Asimov murió poco después de la publicación de la primera edición de *La biblioteca del universo de Isaac Asimov.*

Los editores expresan su agradecimiento a quienes autorizaron la reproducción de material registrado: portada, 3, NASA/JPL; 4, cortesía del Instituto de Investigación del Suroeste; 5, © David Hardy; 6, 7, © Lynette Cook 1988; 8, Centro Nacional de Datos de Ciencia Espacial; 9, Centro Nacional de Datos de Ciencia Espacial y el jefe del equipo, Dr. Michael J. S. Belton, Proyecto Galileo; 10, © Sally Bensusen 1988; 11, © Julian 1988; 12 (superior), © David Hardy; 12 (inferior), Melissa Valuch/© Gareth Stevens, Inc., 2002; 13, NASA/JPL; 14, Centro Nacional de Datos de Ciencia Espacial; 15, © Julian Baum 1988; 16 (superior), James M. Baker; 16 (inferior), David Milon; 17, 18, NASA; 19, NASA/JPL; 20, © David Hardy 1987; 21 (superior), © William K. Hartmann; 21 (inferior), © David Hardy 1987; 22, NASA; 23, © David Hardy; 24 (superior), NASA; 24 (inferior), © Kurt Burmann 1988; 15, © Mark Maxwell 1988; 26-27, © David Hardy 1987; 28, © Andrew Chaikin.